**CÍRCULO
DE POEMAS**

Muchacho
e outros poemas

Rodrigo Lobo Damasceno

DO AMOR

PESQUISA realizada na França revela que, consultados milhares de jovens — de tôdas as camadas — 56% consideraram o amor "uma coisa muito importante". Sessenta e sete por cento das garôtas ouvidas disseram o mesmo. Apenas 6% do total foram céticos. Outros 6% não têm opinião formada, distribuindo-se as outras faixas na casa do "relativamente importante". Os estudantes foram unânimes na exaltação do amor, com lirismo, um pouco de literatice e nada de cinismo. Um jovem cozinheiro ressaltou na enquête: "É um sentimento que pertence ao homem, ao ser humano, um sinal de vida". Um operário de depósitos: "É a única aventura que nos resta".

achado por Fernanda Morse

O Pequeno Circo Martin Codax & Cruz e Sousa

tristíssimo
palhaço
designado para as carícias e os suplícios
  para o martírio e o exagero
para os vícios, os discos
  e para o festim dos sentidos
designado para a ilusão do idílio e do armistício
para a vida de artista e de exílio
designado para os segredos da cena e da estrada
para o cheiro das açucenas e dos cadáveres
designado para os mistérios da meia-noite
para o bolero brasileiro
  e para *las chicas macabras*
designado para as mãos das malabaristas
  para o flerte, os camarins e as atrizes
designado para o tango "Muchacho"
  para os discursos céticos
as esquinas e as pensões do centro
e para Cléo das 5 às 7
designado para a teoria crítica
e para o samba lento
para a seca do prensado
e para as noites de sábado   do Bixiga
designado para a murrinha   dos domingos
para o *blues* dos argentinos
e para o verde da cor de *Artaud*
designado para a língua das tradutoras

para os *comizi* assassinos *d'amore*
e para os bairros operários da capital da dor
designado para a caverna do dragão
e para os arrabaldes do reinado cujo rei é o coração
  designado ainda para as agonias erógenas
da fluoxetina — oh inibidor seletivo
  de recaptação
  de serotonina —
e para as medicinas ancestrais e proibidas
designado para o fascínio em tempos fascistas
para o amor e o apocalipse nas canções de Leminski
  eu sou uma incógnita astrológica
    com o coração aberto e proletário repleto de anáforas
    e paronomásias
designado para as DRs e os glossários poliamorosos
  para o esplim e o estrupício
para a Bahia triste
e para o Estácio
designado para os romances em Durango e Irecê
  para as frases e os versos
as saias, as calças e os vestidos
designado para a queda do trapézio, as desordens do labirinto
e os desastres ecológicos
designado para as dívidas
para a voz de Marvin Gaye
e para as ondas do mar de Vigo
designado para a prática da pirataria a bordo do *Corsário-Satã*
  e do *Pérola-Negra*
  para as noites em claro em mar e em terra
e para as flores e a solidão dos velhos
designado para as serestas, o sereno, os sexos, "Sufoco",
                                          [as cervejas
  para o centro sem luz do picadeiro

para as galáxias, as líricas, as relíquias, as galegas
para as coitas, os cuidados, os códices
designado para os leões do imposto de renda e do Zodíaco
e para os *hits* da *disco music*
  designado para a doença crônica
para a sofrência
  para as crises de ansiedade e de pânico
e para os trabalhos de merda em escritórios
  designado para as greves dos artistas plásticos
para os relacionamentos abertos
e para o adultério
designado para o salário dos poetas
e dos operários
pra saúde e pra doença, pra cachaça
e para a programação do rádio
    na madrugada
  designado para a rivalidade entre os mágicos
e os engolidores de fogo
designado para os fragmentos do discurso amoroso
e para o namoro
dos músicos
  designado para este século
de merda
neste planeta
  globo da morte do teu circo
coração
palhaço
tristíssimo

Lições de um soulman

me ofereço em sacrifício
para conter o desencanto
me ofereço ao pesadelo   provável
  e às próximas noites de brega e de tango
tanto ao neon do amor
quanto ao *bandoneón* do abandono
aos vícios   ao ócio   aos coices
do cavalo de cristal
às drogas e aos danos
psicológicos e psiquiátricos
do teu amor
estou apaixonado
e fodam-se os críticos se acharem
que estou mudado
eu me ofereço é em sacrifício
para conter o desencanto
              o saque das estrelas   e dos êxtases
bioquímicos   dos seis ou sete   primeiros meses
da aventura e do cinema da separação
me ofereço ao exagero e ao problema
ao *blues*
do teu amor maldito malvisto me ofereço em sacrifício
   pela minha classe
a dos *jinetes*   dos exilados   exus *jazzistas*
dos albatrozes   situacionistas e rastafáris
   das atrizes   e estagiários
das locutoras de rádio   e das cantoras de *soul*
tradutoras   criadorxs do ouro   de verdade
e da mentira   e do teatro   do amor

Greek song

a esta altura já deve estar claro:
não sou o herói *folk* ou o poeta troiano que aliás ninguém
[esperava.

esqueci as histórias da minha cidade
e dei adeus ao sertão e às salas de aula.
estou apegado às poucas coisas que tenho:
anéis de prata, jaquetas velhas, calças vermelhas, livros,
[luminárias.

sopro a poeira das minhas máscaras
empilho os poemas e os fracassos
e canto que estão todos do lado esquerdo do peito.

carrego a fama
de ser o lobisomem do meu bairro.
me acho mais romântico
que os porres de uísque e os lenços de pescoço de
[Dylan Thomas
mais romântico que a própria caveira de Lord Byron.

faz frio e eu te tatuei em meu peito.
nunca fomos à Grécia comer tomates e beber azeite
sentir o sol quente entre os cabelos molhados
ou delirar de ácido ao meio-dia e meia.

mas não me resta dúvida:
seria uma casa branca com portas e janelas abertas
pro azul e pra Beleza.

eu haveria de ser talvez um trovador
e você, o que bem entendesse e decidisse às sete da manhã
                                                                  [de cada dia.
sim, você traria as horas e a história no alforje.

caço palavras nos livros dos outros
e encontro anjos, Hamlet, santas, um mártir, mortos.
na sala, maços de cigarro, copos d'água, manchas de vinho
unhas sujas de tinta roxa escrutando o corpo.

nossas maiores tristezas
e as tuas melhores
pinturas —
tudo fará parte da tempestade.

nenhuma noite foi a grande noite da revolução
e nenhuma noite foi a grande noite do amor.

ainda não.

essa é a tal da aventura.

mas o Anjo da História estampado em tua camiseta
há de ser a testemunha.
e tu vai ser a tradutora.

sim, eu sou
da América do Sul mas isso já não importa.

este é o primeiro verso que escrevo lúcido
visto que não tenho dinheiro nenhum pro haxixe.
estou completamente duro.

nuvens imensas e brilhantes de poeira cruzam as galáxias
abrindo espaço e tempo aos olhos do pirata ianque *James Webb*.

não tenho um álibi
não carrego comigo
pra cima e pra baixo
Cocteau e um *nunchaku*.

há uma única estrela brilhante na ilha de Hydra.
Platão deve tê-la visto em alguma noite límpida, lá de Atenas.
muito tempo depois criou-se o tango
e por toda a cidade se dança o samba.

e você que em sua inocência não sabe nada da minha doença
ou do demônio que me acompanha desde a infância.

pelo que me consta,
vou morrer cedo.
bem antes de ti.
não passo dos 62.

vou descobrir que não tenho alma
quando perder de vista o teu corpo.

enterre-me com festa ao fim do dia.
sei que vai ser duro morrer na primavera
mas colha você mesma as flores
e à hora exata do eclipse oculto
atire-as na minha sepultura.

só não te enviarei cartões-postais do outro mundo
porque quando morremos tudo acaba e nosso idioma se
                                                [transforma.

estarei deitado e esquecido entre as açucenas.
deve ser a tal da noite escura da alma.

adeus, amigos e ansiolíticos
adeus, *místicos*
de Espanya
adeus, espuma de seda da cerveja
adeus, *modern love* da voz de Wanderléa
adeus, desequilíbrios da língua
materna
adeus, *habitués* do *Bar García Lorca*.

vou perdê-los a todos e lamento.

mas isso já não importa.
estou inteiro no teatro
entregue à trama
no espetáculo.

creio em deus ou no contrário
e também posso ser a outra.

CODA

passa de duas, você deve estar na cama
e eu tenho medo de terminar o poema.
mas vou viver até as últimas e mais graves consequências.

Matinê (primeira alba)

manhã de azuis intensos e de nuvens brancas na República
é domingo e ontem um nasceu, outro sumiu
  e de mim
ninguém nem ficou sabendo
mas que bom que ainda tenho
  coisas pra fumar
outras pra comer
uma rede pra dormir
    e um pouco de dinheiro
além da crença no amor e das esperanças
que duram ao menos dois dias na semana
se bem que às vezes o mês se alonga
e tem onda de calor
pulgas, zika, *TikTok*, muriçocas, câncer, dengue e *Nubank*
e o diabo atenta, a gente peca
e quem acredita em deus acha que ele perdoa e segue em frente
meus amigos são triatletas, poetas, heróis dos *freelas,* fazem
                                                             [faláfel
zens, Zil, atrizes de teatro, usam perfumes, de Vila Velha e
                                                                     [Fortaleza
e nos *stories* alguns quase que fazem cinema; é o fim dos tempos
    sabemos
mas ainda resta o dengo, o tango, Stevie Wonder
    Thelonious Monk, aquele samba
sobre o que houve com Rose
e outro amor surgido em Feira   de Santana
naquela noite   em janeiro
restam o aroma da manga madura
e o toque doce e sagrado da seda no beiço

Puro teatro *(La Lupe)*

> *She walks in beauty, like the night*
> Byron

    inteiramente atriz
       cria de Siouxsie
       and the Banshees
       de Helena Ignez
       e da esquizoanálise
       cria de Kurt
           e Ian Curtis
canta
    "She's in Parties"
nas festas
toda de branco   — é sexta —
anjo   de botas pretas
dark   e camiseta
vintage   anos 90   relíquia
do   Real Madrid   ou
Corinthians
híbrida de   alegria e
no future   feitiço   parece foto
     diz que é
de *Twin Peaks*
    p&b   de Mapplethorpe
a cara de Patti Smith
corte *sixtie*   pele de Vênus em fúria
com febre   sempre   *too drunk to fuck*
antimusa, *noise*
punk de *boutique* e boteco do centro

francês fluente no *Karaokê Gainsbourg*   integrante
da Coluna Durruti   da madrugada
vítima constante
    das crises e das matinês de pânico
dona do jeito mais triste
de segurar um *drink*   escorpiana
encena   meus dramas   de classe
meio inglesa, pós-punk,
só bebe negroni
    Vivienne
    Westwood *style*
poeta e vagabunda
segundo
    Jean-Luc Godard
e eu com meu ar
    de Bauhaus da Bahia
de androide da roça e dos trópicos
Proteu do Tomba e do Campo Limpo
    agreste, *byroniano* do *Feiraguay*
    pobre vaqueiro
    dos sertões do raciocínio
de bota e jaqueta
    de couro
 operário e poeta
o pior dos atores
    no palco
do espetáculo
  do *Theatrum*
Mundi
fazendo de conta
  que conheço
Berlim & o Brooklyn

Três anjos

1. ANJO DE RILKE

miro bem longe dos espelhos
as maravilhas contemporâneas
aparecem
através de um xadrez de estrelas
    dorflex, haxixe, *pixel*
      & giroflex
the best of stax na caixa
num céu da *pixar*
a lua cresce
 & eu quero saber
— *hermes trismegistus dixit* —
    quem moldou
o barro do coração em forma de pirâmide
  de ponta-cabeça
noite escura & de conspiração pós-punk
   teu tridente luzindo entre os seios
& as cicatrizes
  pingente
gosto de prata nos dentes
streamings constantes de ficções em série
pose & *mise en scène* — elx, *unknown pleasures*
feitiços
heróis de *realities*   todas as
    debilidades da carne
entre as relíquias das ruas & da noite
na rede   uma pena da asa
do anjo de *nike*

2. ANJO DE KAR-WAI, *PLEASE KILL ME*

ela é a tal da
leonina leal às
estrelas & aos escândalos
apenas
aquela cantada
por Angela
a pior da geração
ídolo pop   da apatia
chique   & adicta
atriz   é claro
contra toda autoridade
    exceto
    o coração
somos poetas & punks
sul-americanos
seres humanos pobres
mas razoáveis
enteléquias de contos fantásticos
& comédias românticas
realistas à la Ro Ro & Hollywood, arrasados
& assalariados, naturais de Comala;
meu amor, somos tristes
    mesmo nos *stories*, na cama
— morrer é uma arte —
mas sei lá, leia
na minha camisa:
    baby,
por favor,
    me mate

3. ANJO DE ÉLUARD

na penumbra, às três da tarde, fotografias imaginárias
& esculturas abstratas de bitucas no cinzeiro
toda a sujeira dos anos 50 & do cinema
  se concentra por detrás destas cortinas
é filme mudo, escuro, em *VHS*, pornográfico, todo tremido
Simone Barbès é sim uma espécie de anjo do desejo
  noturno
trabalha em dobro
operária-padrão da capital da dor,
  que faz menos barulho
 por esses dias lá fora —
é que aqui estamos em dezembro
profissionais *freelancers* da *DarkSide* & do sofrimento
  não tiram férias, mas sabotamos
— tem gente que ama, lê Proust para a criança
antes dela dormir — & ficamos, nós dois, sem asas
com mais dois anjos: um cantando
baby te amo nem sei se te amo no *YouTube*
outra tatuada em teu braço, num balanço —
entocados o dia todo até a noite
que é de chuva & de verão
& que não para de crescer em direção
às rochas   luminosas
este é o teu primeiro milagre — G-L-Ó-R-I-A

O coração solitário de Leonilson

então são vocês os discretos adoradores dos deuses da ironia
                                                    [e das distrações
oh romantismo   oh smartphones
os que vivem em grandes acampamentos no fundo do poço
        entre
truth   fiction
ruínas   templos
handsome   selfish
       narcisos
nascidos sob o tal do mal do século
é tempo de bangue-bangue no centro
da cidade
devastada
pela descrença
pelo sucesso
são vocês os adoradores do demônio da teoria e do erotismo
fiéis da *bad religion*, dos Rolling Stones e de Lord Byron
e esta é a carta do enforcado
disse a taróloga
era uma espécie de deboche
prove de todos os venenos
pois são estes os pensamentos do coração
dar grandes rolês é mais importante do que criar grandes obras
é o que diz Bataille
mas pode ser que o *tuim* de lança e de insônia
nos tenha induzido a alucinações auditivas
percorro de sapatos veganos o longo caminho de um rapaz
                                                    [apaixonado
entre o espelho e a espada

disposto ao périplo
agora há pouco, ao vento, na praça, até pareceu que eu
                                       [tinha um corpo
e carregava uma bandeira   branca
com o teu nome   em vermelho
bordado nela
hei de ser o pescador de pérolas
pelo menos
as tuas camisas brancas estão sempre desabotoadas na
                                         [altura do peito
encaro o decote e as tristezas de Eros
    os colares   os lenços de seda
e a mão esquerda apertando o pescoço
é que namorar faz bem
    disse a taróloga
    sob o peso dos meus amores

                ninguém

and all my love's in vain

Sursum corda

essa mania de ser lírico —
   devem ser os remédios
   oscilo
maníaco-depressivo
brincando com o fogo
  ao sabor
da fluoxetina
noites em claro entre milagres
  e êxtases químicos
corações ao alto
     atravesso
outra lenta madrugada
  são queixas de tango & Nico
e estou desarmado
nosso romance
de bairro
   no centro
essa é a minha missa
    corações ao alto
é meia-noite e quinze
e estás de pé
sobre as minhas pálpebras
  a forma
do teu coração
   é quimérica
deve ser a *amnesia*
     haze, relíquia
essa mania de ser lírico

Dipirona 500 mg (segunda alba)

sol forte e vento frio aqui no exílio
estou numa selva de subculturas e concreto
em busca da cura pra ressaca de domingo
bolando o melhor veneno do centro
esquecido do lenço de seda no pescoço
eu me agarro à imagem de Éluard transformada em amuleto
relógios, flores, facas, automóveis e a cor da romã estão no
                                    [centro da história secreta
do teu corpo

despertamos e a Babilônia segue de pé apesar da conspiração
   [dos punks e rastas às portas do Cupido na noite de sábado
tudo cheio de pixo e do cheiro bom de pito do pango
horas de outono, brechós, Barovo, *rude boys*, *dub*, vitamina D
                                              [e *Studio One*
éramos duas testemunhas dos mistérios que guardam as
                                        [guerras, os tangos,
o amor entre as mulheres no cinema e a afinação das guitarras
                                                   [de Verlaine
— além daqueles três erês imaginários com coroas douradas
                                                   [de Basquiat
escorados na esquina —

ontem ninguém feriu ninguém

e de tudo isso nos dávamos conta
daí o silêncio, a *soul music*,
e o ruído excessivo do sexo
hoje eu acordei com as pupilas dilatadas

sou um animal de *Adidas*, fazedor de versos
apreciador das imagens de arquivo

e eu não sei se eu serei livre
mas o meu corpo eu encontrei

meus amuletos são nossos corações repletos de tristezas
                                                    [e desejos
meu amuleto é a solidão
meu amuleto é o velho Tubarão da Groenlândia
meu amuleto é o xadrez de neon, pisca-piscas e vidraças
                                                    [do teu bairro
e a versão assoviada de "Asa Branca" todo dia na vizinhança
oh capital da dor, cidade de merda, *infierno*
meu amuleto é o *hit* de *lovers rock* no jukebox no Bixiga
meu amuleto é a fluoxetina
a íris cor de mel e as besteiras de menino
                    de Holden Caulfield
meus amuletos são minhas camisetas de time e da *Motown*
                                                    [com que te deitas
e o corpo incorrupto e de *Nike*
do santo Carlo Acutis
sigo indeciso entre o suicídio e o amor gorduroso da vida
eu queria morrer de velho, sem dentes, sem porra nenhuma
                                                        [nos bolsos
minha gaveta está cheia de dipirona e de isqueiros roubados
manhã de sol forte e vento frio em São Paulo

Lanchonete Cupido

aqui   nesta pista de dança
que não existe   senão nas nossas
cabeças   tocando o pós-punk
que ainda há pra ser feito   pelas crianças
da classe operária   não tem herói nenhum
só uma horda bárbara   de sentimentos
já que amar em meio aos salários baixos,
o crime organizado e a vanguarda tardia não é fácil
bebo o tempo todo, são perfumes fortes, caros
e ela é rica   desacredito de Cristo
e de Trotsky   *oh Yoko*   *oh Lorca*
oh Ana C.   *oh*   *Abramović!*
acudam aquele que chora e o que não chora
a que dança e a que não dança   inconciliáveis
o calado e a que canta   e eu que leio
Paulo Colina   e caio ferido por flechas
que não existem   senão nos filmes
acudam o que nasceu só com dons obscuros
e sem fortuna   que não o coração, frágil
operário, pedaço   radical da carne — anarquista;
    lá fora, um céu de filtro de *Kodak*
    se desata sobre o mosaico de Di Cavalcanti
passam baratas, nomes próprios de Kaváfis
e Jarvis Cocker   pessoas comuns
uma atriz, *drag queens*,   livrarias   esfirras
e o som das cigarras   enfim
rua Nestor Pestana das minhas piores e melhores horas

Cantiga de maldizer-se

Feche os olhos para se apaixonar
Conheci os paraísos
e os infernos   da intimidade
Meu coração   bate mais forte
ao menor sinal   de tua sombra
O céu tá claro
e eu tô morto   por dentro   pendurado
na cruz   e com desejos
Detesto o neorrealismo dos filmes de herói
Sou um Frankenstein farmacológico
Anjo abatido
É a *belle époque* do *Instagram*
A vida   não é capa
da *Blue Note*   que pena
ou canção   de Noel Rosa
Cinemas foram incendiados anteontem em Bizâncio
É o colapso
do espetáculo   do corpo
Ozempic   *Tadalafila*
Oh, Aristocratas do Pop e da Tropicália
O Anjo Andrógino de Alexandria
Brilha   num monumento à sertralina
Melancólico   é apenas
uma palavra   Lacan por certo
é outra   e eu no sereno   poeta
meio soturno   baiano
dos tristes   e é este o contexto
do fetiche   ao som
de arrocha ou   *rocksteady*

Desde que te perdi

me esqueci do que é o sagrado
e conheci melhor a solidão   das três da manhã
não é bonita   mas a beleza não é tudo
também tem o fundo   do poço
as vítimas dos romances e da melancolia de classe
eu me enganei sobre certos rumos do mundo
e sobre as dádivas da vida que levávamos
apostei e subi no pior cavalo
não aguento mais estas noites brancas
não sou um guerreiro   não sou um amante
sou um cabra qualquer — fodido da cabeça e sem riquezas
peça pouco útil da cidade
estragado pela literatura
nenhuma intriga na trama
nenhum assassinato   nenhuma herança
não faço   diferença nenhuma
quase nada, é verdade   além de uns versos
o meu cavalo   sem cabeça
dando voltas   no escuro
tornei-me uma trovadora *olvidada* da Catalunha
um homem sem som e sem legendas
uma vítima de delírios de grandeza
e a cada vez que meu coração se parte
me sinto mais venturoso
mas nunca estive tão convicto da aventura
(o resto do nosso destino terrível)
o mundo é tão denso   que dói —
e a terra treme   mas é gostoso
até certo ponto   depois eu morro

Walt Whitman

Olá, filhos do *WikiLeaks* e do lulismo
os terroristas são os guardiões do segredo mais profundo
eles e as divas do cinema mudo e do *rhythm and blues*
tomem os seus cafés sinceros
oh modestos radicais de classe média
desfrutem da paz social do SESC e da seresta
e beijem-se   abstratos
ninguém é capaz de conter multidões
então   tomo os meus remédios
já que Saturno está com tudo esta noite
and I'm in a sad mood tonight   esta é a guerra dos sexos
ao som de Sam Cooke e Susan Sontag
na fossa em Feira de Santana ou São Paulo
a pior cidade da América do Sul é sempre onde eu estou
a despeito do filtro simulando Super-8: na capital da dor
lobo tolo   outro bobo da corte *cool*
hoje eu tirei a pior carta do tarô
acordei sob a constelação mais fodida
minhas mãos carregam as linhas da dor
e ninguém suporta lê-las até o fim
em sonho eu avistei o Anticristo e ele tinha as nossas caras
então me salva, Satã   me salva, Santa doce dos pobres
me salva, Santa de barro e do *palo seco*, tu, Sylvia Plath,
salva-me! eu quero   acarajés   e Coca-Cola
os maiores amores, voltar pra Bahia e o mistério
a sociedade de classes está aos cacos   é a encruzilhada
a noite é dos amantes e dos imigrantes — se deus quiser —
nos querem mortos   mas a lua está brilhando no alforje
de São Jorge   e logo virá um lamento

Contra os poetas

deitados no asfalto,
numa noite de tempestade e de calor nojento,
um grupo de ninfas e de faunos;
   são todos terroristas, técnicos
do sagrado em plena guerra civil mundial
e ainda encontram espaço para dedilhar o alaúde;
têm os mamilos duros como diamantes,
as picas e as bucetas são afiadas como facas,
estão entregues às suas paixões tristes
   e às canções do rádio — frisson de misticismo e *dance music*;
os piores sentimentos se alevantam,
então ouça o que nos dizem:
o amor tem uma cara horrível
olhos elétricos
obturações de pedra
   diagnósticos
superstições caipiras
parasitas entre os pentelhos
dependência de ópio e de lítio
lê Foucault
é entusiasta da IA, das seitas suicidas e dos *apps* de
                                              [relacionamento
o pior tipo de anarquista
dos punks, o mais fodido
hacker
pornógrafo adicto do *cumshot* e do *bukkake*;
estão todos contra os poetas,
que julgam publicitários da pior espécie
homens cheios de dores e sem elegância

curadores do Museu da Ideologia Francesa
pobres coitados se arrastando nas sarjetas
da cidade das letras
jurados de amor e de morte
príncipes e princesas
do que não presta
        pra nada
no apocalipse disparado
    no interior tenebroso da semântica e da sexta-feira
onde o coração é um rei decapitado e esquecido nas montanhas
e é a desordem eterna das colônias e do Oriente Médio
que interessa   guerra
em toda parte
íntima da derrota e do desprezo
        viva na aventura
épica
a ninfa mija indiscreta
de pé   na esquina
da Helvétia

A love supreme *(solando no tempo)*

era no tempo da palavra amor
 na era de antes das religiões
do sono do deus solitário
e sem linguagem
era no império da violência pura
da publicidade
da divisão desigual das riquezas e das coisas boas da Terra
era no tempo
dos gregos
no tempo do espírito de Hegel e dos príncipes
                              e princesas
agora a morte reina na discoteca
e dança ao som de uma canção melancólica chamada História
mas ainda está indecisa
o amor tornou-se um paradoxo no espaço e no tempo
era na época dos sonetos
            Romeu & Julieta
antes do nascimento do espírito da ficção científica barata
e da revelação dos mecanismos musicais do Paraíso
meu coração de ciborgue oitentista
  com marca-passos e artérias gastas
pela gordura e pelas piores drogas do planeta
acha que é eterno apesar das taxas de juro
e da bala de prata da época
e pensa que o amor é um sentimento perigoso
quase assassino
cruel, no mínimo
então será preciso cultivar canteiros de flores no fogo do
                              [inferno

girar os discos de Chavela Vargas ao contrário na vitrola
declamar Sor Juana na hora mais quente da década
   e encontrar o buraco onde se entoca
Satanás
o nosso irmão mais velho e dissoluto
oh anjo exterminado
     oh santa de pau duro
a primeira vítima do genocídio
calçada com suas botas de couro espanholas
Lilith lit a cigarette
   and sings
wild women don't have no blues
deite-se no chão frio da noite escura e alcoólica
os últimos anos foram uma merda
os próximos serão piores ainda
você vai ter ainda menos dinheiro no bolso
e o calor vai ser insuportável
será no tempo da outra palavra

A gaia ciência do ácido

uma espécie de diabo triste envolto em desejos e antidepressivos
sou baiano, acontece
que estou caído, só isso
e fico entocado às vezes
ouvindo Robert Johnson e Frank Ocean
preparando o próximo salto
que darei no vazio
e achando o máximo
o espetáculo da tristeza e do sexo   nas janelas do *retrofit*
we could be heroes, e eu rio, só isso
Jesus, this is not Iggy
aqui é Rodrigo
mero poeta popular
presa fácil dos feitiços
adepto da greve
       humana, da madrugada
e da contemplação
       do mistério
            psicodélico   da língua
consigo imaginar o renascimento do capitalismo
                       após o apocalipse
mas também as caminhadas noturnas de Billie Holiday
no outono
     em New York   no passado
                     ao lado   de Mister,
seu cachorro,
consigo imaginar a revelação dos sete segredos do *DSM-5*
e o triunfo do amor sobre o dinheiro
haverá paraíso depois da guerra,

das vergonhas financeiras de 2024,
do quarto
     de pensão
e da   *kitnet*
falaremos outra língua
mas pode ser que o paraíso seja uma merda
nos alerta   Frank O'Hara
é que o anjo que interessa — ao que parece — caiu,
está debaixo do céu   em riba da terra
e passa lenta de calças *Levi's*   azuis,
livre, é atriz, faz Kung-Fu, traduz   e anda
cruzando a Ipiranga   de manhãzinha,
de ressaca ao som de "Heart of Glass" achando a vida
uma delícia
e não me conhece nem me procura
aliás ignora
a minha espera
exageradamente dramática

Cigarro de palha (terceira alba)

manhã sem ressaca na rede
beijinhos e *mojitos* antes do almoço
beque de flor e *boom bap*
    a preparação de baião ou moqueca
    coentro, perfumes fortes

sol na varanda e no *New Balance*
branco, roupas novas, algodão
e cânhamo dos bons e *Motown*
    coleção de relíquias
    coração da República

(ontem foi dura a paletada pela noite escura
a lua estava implacável conosco —
os punks, falsos vaqueiros e céticos —
mas nesta manhã tudo desperta a suspeita do místico
em meu coração materialista histórico-dialético)

Werewolf *(lobisomem em inglês)*

eu venho.
das profundezas da noite
    ou nem tanto.

sou só um cão.

uma voz
  sem musa
sings the blues
  sem dona.

quando dói,
  eu uivo
quando não.

é a hora azul.
   a encruzilhada.
corvos e nervos
   amotinados.

   tudo escuro e Exu
tranquilo. horas
  e horas de Arouche.

mercadores
   noturnos
sobem os preços.
   e os perfumes
das flores.

tá tudo quieto.
ou nem tanto.
nas profundezas da noite.

　　eu quero
é a bala de prata
　　da época.
　e teu gato preto tenso
no apartamento.

　　blues everywhere
e eu não presto.
　　eu vim
da Bahia triste.
quando dói,
　　eu canto

ooh

quando não.

tocas e bares.
　　de los barrios
do centro.

　na República,
cada vez mais luz!
luna llena e *cocaína blues*.
　　oh vida de cão
e de santo.

nas profundezas da noite,
　　　dos ángeles.
ou nem tanto.

    eu amo.
muito mesmo
sem dinheiro.
   sem coração.

meia-noite, samba lento.

bruxismo e batuque.
   de lobisomem.
sob o céu rosa
   of the wee hours of the morning.

just me and the devil
   aos prantos
só eu e o cão.

sem dona.
minha voz
   sem musa
sings the blues.

noche de ronda,
   quente.

quando dói,
   eu durmo.

quando não,

the end.

Copyright © 2025 Rodrigo Lobo Damasceno

Todos os direitos reservados. Nenhuma parte desta obra pode ser reproduzida, arquivada ou transmitida de nenhuma forma ou por nenhum meio sem a permissão expressa e por escrito da Editora Fósforo.

DIREÇÃO EDITORIAL Fernanda Diamant e Rita Mattar
COORDENAÇÃO DA COLEÇÃO E EDIÇÃO Tarso de Melo
COORDENAÇÃO EDITORIAL Juliana de A. Rodrigues
ASSISTENTE EDITORIAL Rodrigo Sampaio
REVISÃO Eduardo Russo
DIRETORA DE ARTE Julia Monteiro
IMAGEM DE CAPA Santarosa Barreto, série *Buquês* (colagem, 2025)
TRATAMENTO DE IMAGEM Adiel Nunes
PROJETO GRÁFICO Alles Blau
EDITORAÇÃO ELETRÔNICA Página Viva

CIP-BRASIL. CATALOGAÇÃO NA PUBLICAÇÃO
SINDICATO NACIONAL DOS EDITORES DE LIVROS, RJ

D162m

Damasceno, Rodrigo Lobo, 1985-
  Muchacho e outros poemas / Rodrigo Lobo Damasceno. — 1. ed. — São Paulo : Círculo de Poemas, 2025.

  ISBN: 978-65-6139-070-5

  1. Poesia brasileira. I. Título.

25-96764.0

CDD: B869.1
CDU: 82-1(81)

Gabriela Faray Ferreira Lopes — Bibliotecária — CRB-7/6643

circulodepoemas.com.br
fosforoeditora.com.br

Editora Fósforo
Rua 24 de Maio, 270/276, 10º andar
01041-001 — São Paulo/SP — Brasil

A marca FSC® é a garantia de que a madeira utilizada na fabricação do papel deste livro provém de florestas gerenciadas de maneira ambientalmente correta, socialmente justa e economicamente viável e de outras fontes de origem controlada.

CÍRCULO DE POEMAS

O **Círculo de Poemas** é a coleção de poesia da Editora Fósforo que também funciona como clube de assinaturas. Seu catálogo é composto por grandes autores brasileiros e estrangeiros, contemporâneos e clássicos, além de novas vozes e resgates de obras importantes. Os assinantes do clube recebem dois livros por mês — e dão um apoio fundamental para a coleção. Veja nossos últimos lançamentos:

LIVROS

Geografia íntima do deserto e outras paisagens reunidas. Micheliny Verunschk.

Quadril & Queda. Bianca Gonçalves.

A água veio do Sol, disse o breu. Marcelo Ariel.

Poemas em coletânea. Jon Fosse (trad. Leonardo Pinto Silva).

Destinatário desconhecido: uma antologia poética (1957-2023). Hans Magnus Enzensberger (trad. Daniel Arelli).

O dia. Mailson Furtado.

O Kit de Sobrevivência do Descobridor Português no Mundo Anticolonial. Patrícia Lino.

Se o mundo e o amor fossem jovens. Stephen Sexton (trad. Ana Guadalupe).

Quimera. Prisca Agustoni.

Sílex. Eliane Marques.

As luzes. Ben Lerner (trad. Maria Cecilia Brandi).

A extração dos dias: poesia 1984-2005. Claudia Roquette-Pinto.

PLAQUETES

Ranho e sanha. Guilherme Gontijo Flores.

Palavra nenhuma. Lilian Sais.

blue dream. Sabrinna Alento Mourão.

E depois também. João Bandeira.

Soneto, a exceção à regra. André Capilé e Paulo Henriques Britto.

Inferninho. Natasha Felix.

Cacto na boca. Gianni Gianni.

O clarão das frestas: dez lições de haicai encontradas na rua. Felipe Moreno.

Mostra monstra. Angélica Freitas.

é perigoso deixar as mãos livres. Isabela Bosi.

A língua nômade. Diogo Cardoso.

Dois carcarás. Leandro Durazzo.

Para conhecer a coleção completa, assinar o clube e doar uma assinatura, acesse:
www.circulodepoemas.com.br

**CÍRCULO
DE POEMAS**

Este livro foi composto em GT Alpina e
GT Flexa e impresso pela gráfica Ipsis em
março de 2025. Sim, eu sou da América
do Sul, mas isso já não importa.